山东省青岛实验初级中学校本教材

KUAILE QIHANG

快乐启航

主编　邹立艳　王　建

编委　魏文粤　韩　翔　胡　泰　尚启森

中国海洋大学 出版社
CHINA OCEAN UNIVERSITY PRESS

图书在版编目 （CIP） 数据

快乐启航 / 邹立艳等主编． －青岛： 中国海洋大学
出版社，2018.5
ISBN 978-7-5670-1345-2

Ⅰ．①快… Ⅱ．①邹… Ⅲ．①帆船运动－初中－教学
参考资料 Ⅳ．① G634.963

中国版本图书馆CIP数据核字（2018）第297010 号

出版发行	中国海洋大学出版社		
社　　址	青岛市香港东路 23 号	**邮政编码**	266071
出 版 人	杨立敏		
网　　址	http://www.ouc-press.com		
电子信箱	1193406329@qq.com		
订购电话	0532-82032573（传真）		
责任编辑	郭周荣	**电　话**	0532—85902469
印　　制	青岛国彩印刷有限公司		
版　　次	2018 年 9 月第 1 版		
印　　次	2018 年 9 月第 1 次印刷		
成品尺寸	185 mm×260 mm		
印　　张	5.25		
字　　数	51 千		
印　　数	1～1000		
定　　价	40.00 元		

发现印装质量问题，请致电 18954267799，由印刷厂负责调换。

编委会

主　任　马　林

副主任　孙晓东

成　员　范　磊　陈　思　安　扬　亓振霞

　　　　韩旭芳　牛明典　孙菲菲　李佳栋

序 言

2015 年 3 月 30 日，《教育部关于全面深化课程改革落实立德树人根本任务的意见》这一文件明确提出了要加快"核心素养体系"建设的要求。核心素养体系被置于深化课程改革、落实立德树人目标的基础地位，成为继续深化相关工作的关键因素和未来基础教育改革的灵魂。这个概念体系正在成为新一轮课程改革不断发展的方向。

核心素养指学生应具备的适应终身发展和社会发展需要的必备品格和关键能力，突出强调个人修养、社会关爱、家国情怀，更加注重自主发展、合作参与、创新实践。一方面，核心素养指导、引领、辐射学科课程教学，彰显学科教学的育人价值，使之自觉为人的终身发展服务，"教学"升华为"教育"；另一方面，核心素养的达成，也依赖各个学科独特育人功能的发挥、学科本质魅力的发掘，只有乘上富有活力的学科教学之筏，才能顺利抵达提升核心素养的彼岸。

在学生核心素养的诸多要素中，体育与健康学科的核心素养是其重要组成部分之一。体育学科的核心素养是指通过体育学科学习，学生所能掌握并形成的、终身体育锻炼所需的、健康发展必备的体育情感与品格、运动能力与习惯、健康知识与行为。这就要求学生具有积极向上的心理品质、自信乐观的生活态度以及强烈的团队合作意识。其中，体育运动在培养学生责任心、社会适应能力、与他人交往的能力与方式、锻炼强健的体魄等领域具有无可替代的巨大作用。

在平日的体育运动参与过程中，学生拥有多种多样、特点鲜明的选择去实现自己的体育锻炼价值。帆船运动就是一项综合了心智与体能、气质与品格、责任与使命等各项人类所应当具有的基本素质的优质运动项目。通过这项运动，培养的不仅仅是学生强健的体魄与过人的胆识，它更注重的是一种气质、一种精神，一种引导人类不断追求自由的理想与信念。

帆船起源于欧洲，是利用风力前进的船，是继舟、筏之后的一种古老的水上交通工具，已有 5000 多年的历史。帆船是人类与大自然斗争的一个见证，帆船历史同人类文明史一样悠久。现代帆船运动起源于荷兰，是水上运动项目之一。帆船比赛是运动员驾驶帆船在规定的场地内竞速的一项运动。运动员依靠作用于帆船上的自然风力，驾驶船只前进，是一项集竞技、娱乐、观赏、探险于一体的体育运动项目。现代帆船运动已经成为世界沿海国家和地区最为普及且喜闻乐见的体育活动之一，也是各国人民进行体育文化交流的重要内容。经常从事帆船运动，能增强人的体质，锻炼意志。特别是在风云莫测的海上，海浪、气象、水文等条件不断变化的环境中，迎风斗浪，极大地培养了人们战胜自然、挑战自我的拼搏精神。

我国现代帆船运动始于 1979 年。1980 年后，山东、上海、湖北、广东、江苏等省市相继组建起帆船运动队进行系统专业训练。我国帆船运动员从第九届亚运会和第二十三届奥运会开始参加部分级别的亚洲和世界大型赛事，虽然在这一竞技领域起步较晚，但我国运动员仍然凭着刻苦、系统的科学训练，取得了令世人瞩目的优异成绩，更是涌现出了奥运冠军殷剑、徐莉佳等一批高水平运动员，为我国的帆船运动发展提供了充足的人才资源。

值得一提的是，作为 2008 年北京奥运会奥帆赛的主办城市，青岛在保证帆船运动竞技水平快速提升的同时，于 2006 年起下大力气重点打造推广了"千

帆竞发　二零零八"等一系列"帆船运动进校园活动"，将现代帆船运动的精髓高度提炼概括，创新理念，发扬帆船精神，推广普及帆船运动，倡导崭新的生活方式，给我们带来了健康生活新元素。作为曾经成功举办过奥帆赛的重要城市，青岛年均风速为 5.4 米／秒，8、9 月份的平均风速也在 5 米／秒，水域开阔，非常适合开展海上运动。另外，奥帆赛后，青岛业已成为我国重要的海上运动基地和休闲娱乐中心。通过承办奥运会帆船比赛，在现有的软、硬件基础上，青岛更进一步完善水上运动设施，加上非常适宜的自然气候条件，为其成为海上运动基地、推动我国帆船运动的发展都起到了巨大的作用。

青岛实验初级中学作为青岛市义务教育阶段的龙头学校，是青岛市首批帆船特色学校和示范学校。自 2006 年开始积极参与了青岛市帆船帆板特色活动在校园内的推广活动，成为"帆船运动进校园活动"的排头兵、主力军。同时，设立了专门的展览橱窗和帆船教室，聘请了青岛市水上运动训练基地的专业帆船教练担任学校的帆船指导教师，定期来校进行帆船专业知识的讲解授课，并积极参与每年暑期青岛市教育局和帆管中心、水上运动训练基地等多家单位共同组织的"帆船运动进校园"推广活动。截至目前，青岛实验初级中学共培养帆船爱好者约 600 余人，极大提升了帆船运动在学校的影响力。另外，学校每年都有计划地招收帆船特长生。迄今为止，共招收帆船特长生近 20 人，他们在各级各类比赛中多次为省、市及学校争得了荣誉。特别是在 2017 年 8 月结束的第十三届全国运动会帆船比赛 OP 级决赛中，学校在校学生张博义和赵焕成作为山东省帆船队的主力队员勇夺亚军，展示了风采，争得了荣誉。在短短的几年里，学校的帆船影响力从无到有，从小到大，迅速培养出了一大批帆船爱好者，许多优秀的帆船运动员脱颖而出，扩大了"帆船人口"数量，为帆船运动的广泛开展打下了坚实的基础。

基于上述发展历程，帆船之于学校的重要程度已不言而喻。鉴于此，学校借助"青岛市教育局精品课程评选"的有利时机，迅速展开了帆船运动校本课程《快乐启航》的编写工作。本教材重点突出，目标明确，任务具体、清晰，可操作性强，具有较强的针对性。针对初中各个年级学生接受能力和对帆船这一新生项目的认知能力的不同，将 OP 级、激光（悦浪）级以及 BYTE 级等级别分别布置到不同学期的学习阶段中，由简到繁、由易到难、由理论知识到动手实践，逐层递进，既符合教育教学的基本规律，又实现了帆船"零基础"的学生在这一项目上质的飞跃。希望本套校本课程教材的出版，能给学校帆船运动的大发展带来一些帮助，能为学校、市、省乃至更高级别的运动队伍培养更多更优秀的帆船人才，真正实现帆船运动的新思路、新途径、新发展、新成就。

编 者

目 录

基 础 篇

实 践 篇

特 色 篇

基础篇 ▼

第一章　航海安全

作为一项集竞技性、娱乐性、观赏性、技巧性于一体的水上体育运动项目，帆船运动越来越受到现代人的追捧和喜爱。自 2008 年奥运会成功举办后，青岛作为"帆船之都"也逐渐进入了国际视野，参与帆船运动已成为时下许多年轻人的选择。为了更好地参与其中，感受到这项水上运动的乐趣，了解相关航海安全知识是必不可少的。

第一节　安全装备

一、航海物品及用具

1. 救生衣

救生衣是航海的必备品。在出海前，需对救生衣进行准备和检查，确保救生衣无破损且配备有救生哨。在救生衣种类中，红色和橙色为最佳（图1-1）。

图 1-1　红色救生衣

2. 充足的水和食物

海上航行时，可能会遇到诸多麻烦。因此应当准备充足的水和食物，并合理分配，杜绝浪费。

3. 足够长的绳索

绳索可用来抛锚、停靠码头或拖拉船只等（图1-2）。

图 1-2　主缭绳

4. 手划桨、排水工具

在遭遇较大风浪时，需使用排水用具水舀子等将帆船内的海水排出（图 1-3）；手划桨用于在无风情况下帮助船只调整航行方向（图 1-4）。

图 1-3　水舀子

图 1-4　手划桨

5. 警报器材、指南针

警报器材、指南针用于海上求救、自救和辨别方向等（图 1-5）。

6. 海图

海图是从事海上作业和航海运动不可缺少的重要航海资料，海图上比较详细地标绘出地球表面与航海有关的各种资料。

图 1-5　指南针

7. 其他工具

其他工具包括螺丝刀、小刀、钳子等，可用于应急情况（图 1-6）。

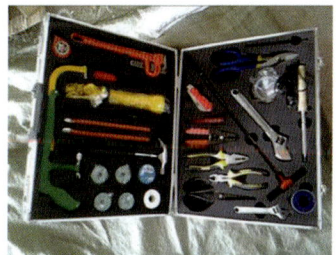

图 1-6　工具箱

图 1-7　急救包

8. 急救包

急救包应包含酒精、棉棒、创可贴、止血带、纱布、绷带、弹力网帽、剪刀、体温计、医用口罩、分药盒、手电、求救方位灯等（图 1-7）。

活学活用

比一比，看一看。

右侧的图你认识哪些？

它们分别有什么作用呢？

生活小常识：救生衣的正确穿戴方法

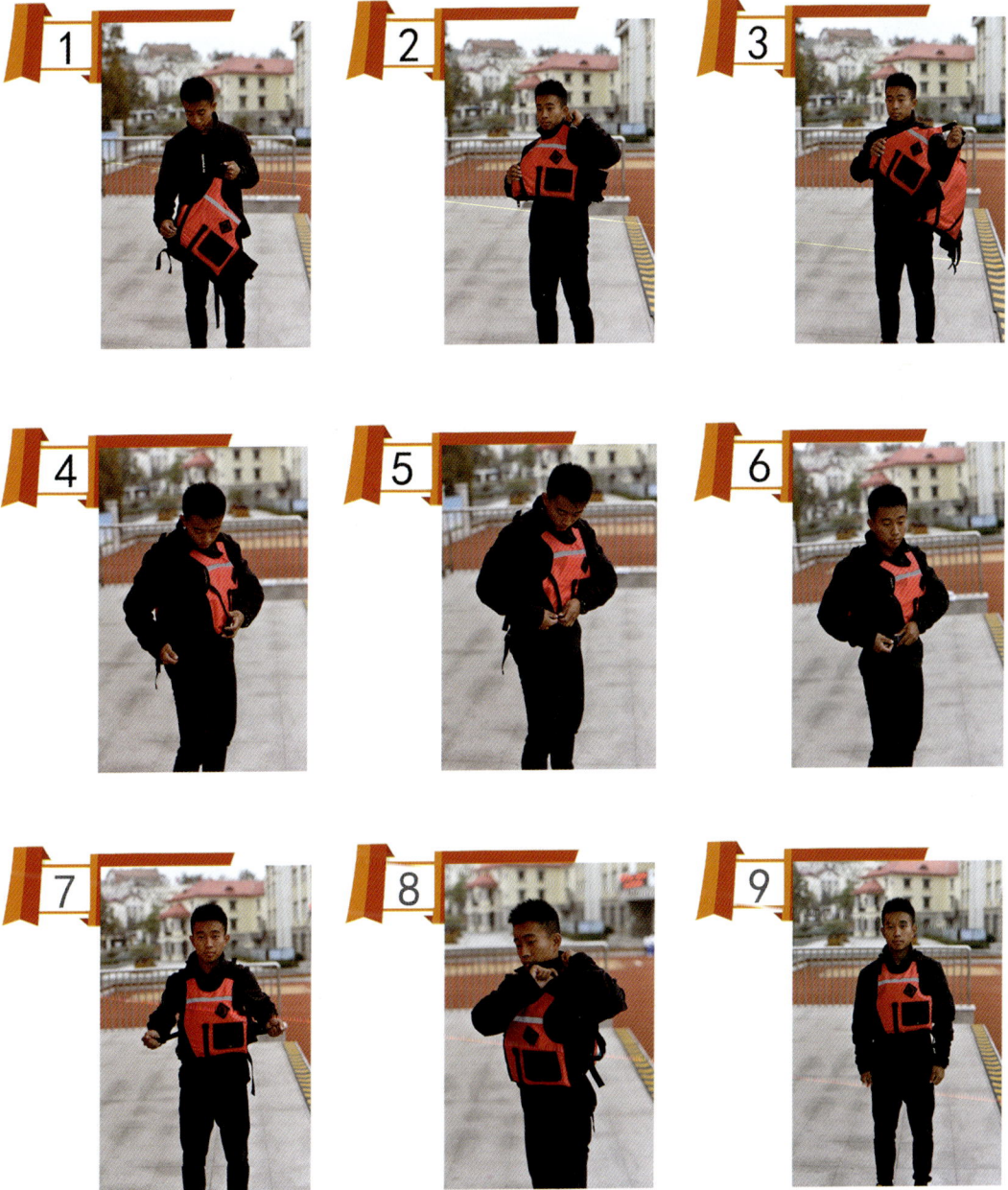

图 1-8 救生衣穿戴流程图

本册教材所有示范动作均由青岛实验初级中学 2014 级 4 班高弘吉同学完成。

高弘吉同学获得过全国 OP 级帆船冠军赛季军、山东省帆船帆板锦标赛冠军等一系列的优异成绩。此外，他还多次代表青岛市远赴澳大利亚、埃及、新加坡、泰国等国家进行交流比赛，为学校争得了荣誉。

二、航海前的准备

1. 掌握游泳技能

在开始帆船运动前，应当熟练掌握游泳技能，以能够连续游泳 15 分钟以上为最佳。

2. 热身运动

出航前，应当做好充分的身体准备。建议：

(1) 热身慢跑 3～5 分钟。

(2) 肩部、上肢手臂进行伸展和牵拉运动。

(3) 大腿、小腿进行伸展和牵拉运动（图 1-9）。

图 1-9　肌肉拉伸示例图

？？ 想想看

你还会哪些准备活动的方式？试着做做看吧！

第二节 自救与求救

图 1-10　帆船倾覆

图 1-11　正船自救

一、水上自救

航行中有时会碰到各种突发状况（图 1-10)，这就要求我们必须具备一定的自救常识和能力。当突发状况来临时，不要惊慌，一定要沉着冷静，积极应对（图 1-11）。

图 1-12　仰泳

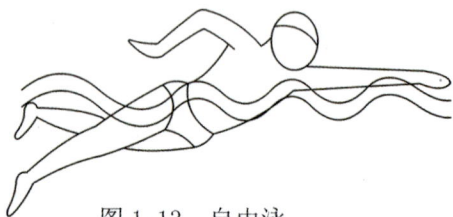

图 1-13　自由泳

1. 航行时必须穿着救生衣，救生衣内的服装一定要轻便保温，最好能配备专用的保暖服和鞋。

2. 自身应具备简单的急救常识。例如：痉挛、耳道进水、表皮划伤、擦伤等。

3. 自身要具备一定的凫水和游泳能力（图 1-12、图 1-13）。

4. 风速增大时，不能靠近下风有礁石或障碍物的区域行驶，应及时返航。

5. 恶劣天气，帆船难以操纵或船只故障需返航时，可取下帆杆，尽量减少风的阻力，尽快驶回岸边或等待救援。

6. 一旦帆船即将倾覆，不要紧张，遵照正船的方法及程序将船扶正即可（图 1-14）。

图 1-14　帆船即将倾覆

二、水上求救

(1) 学会利用手势交流信号。

(2) 施放求救信号。例如，落帆、吹救生哨、击打金属物发出响声等方法。

(3) 帆船倾覆后如果扶正困难要抓紧船舷，不要脱离船只，等待救援。

(4) 一旦落水离开帆船，要保持冷静，借助救生衣的漂浮力，将头部露出水面，发出求救信号，等待救援。

(5) 在水中等待救援时，双脚并拢屈到胸前，双臂胸前交叉放在救生衣上，头颈要露出水面，这样对保持体温很有效（图 1-15）。

图 1-15　等待救援姿势

9

三、手势交流

风、浪、帆发出的声音使得在海上依靠对话进行交流显得很困难，因此，利用手势作为信号交流非常有用。最常用的手势信号是"靠近些""减速""收帆""松帆""安全位置""我需要帮助"和"我很好"等，如（图1-16至1-22）。

图1-16 靠近些　　　　图1-17 减速　　　　图1-18 收帆　　　　图1-19 松帆

图1-20 安全位置　　　　图1-21 我需要帮助　　　　图1-22 我很好

第二章　帆船分类及国内外著名赛事

第一节　帆船分类

一、龙骨船

龙骨船长度为 5.5～22 米不等（图 2-1）。龙骨船体的中下部突出一块铁砣或铅砣，可减少船体横移。铅砣体积与船体大小和帆面积相关，有 1～1.8 米长，固定在船体中央，最少由 2～3 人操纵，最多由 15 人或更多人操纵。

图 2-1　龙骨船

二、稳向板船

稳向板船在船体中部有个突出的槽，用来安放稳向板，稳向板根据需要可以上下移动，减少船体横移。最大的船体长 6 米，由 1 ～ 2 人操纵。这类船轻而快，设备较简单，易于开展活动。

奥运会比赛项目用船多为稳向板船，包括"470"级、"芬兰人"级、"激光"级（图 2-2）等。

图 2-2 "激光级"帆船

三、多体船

多体船由 2～3 个船体组成，航行速度快，驾驶惊险刺激。我国著名帆船航海人郭川驾驶的即为多体船（图 2-3）。

图 2-3　多体船

四、帆板

帆板是由驾驶者站在滑行板上航行，没有舵，只有尾鳍（图 2-4）。1984年帆板被列为奥运会比赛项目。

图 2-4　帆板

五、古帆船

中国宋、元、明、清时代使用过的具有代表性的古帆船有平底沙船、尖底福船、广船和鸟船以及大型战船楼船和运粮的漕船，这是古代劳动人民智慧的结晶（图2-5）。

图2-5 古帆船

第二节 国内外著名帆船赛事

一、奥运会

奥运会作为帆船运动最重要的赛事，每四年举行一届。1896年，第1届奥运会就把帆船列为正式竞赛项目，但由于天气情况恶劣，第1届奥运会的帆船比赛未能举行。帆船比赛主要有两种形式，一种为集体出发的"船队比赛"，另一种为两条船之间一对一的"对抗赛"。奥运会帆船比赛都是采用"船队比赛"的方式。目前，奥运会帆船项目有 11 个级别的赛事，以轻型的稳向板船为主。参赛船数受到严格限制，每个国家在每个级别中不论有多少船获得参赛资格，也只允许一条船参赛。帆板比赛项目是第 23 届奥运会列入的正式比赛项目。女子帆板是第 25 届奥运会列入的正式比赛项目。

2012 年 8 月伦敦奥运会上，我国选手徐莉佳在激光镭迪尔级女子单人赛中获得金牌（图 2-6），这也是中国帆船史上在激光镭迪尔级中获得的首枚奥运金牌。

图 2-6　徐莉佳在比赛中

二、克利伯环球帆船赛

自 1996 年由罗宾·诺克斯·约翰斯顿创立以来，航程长达 35000 海里的克利伯环球帆船赛已经成为世界上最著名的环球航海赛事之一。该赛事的创办初衷是想让更多的人参与到环球航海冒险活动中来。

罗宾·诺克斯·约翰斯顿曾于 1968 年 6 月从英国康沃尔郡南岸的海港出发，驾驶大帆船历经 312 个日夜独自环球航行，成为世界上独自不间断环球航行的第一人。在完成壮举后，他被英国伊丽莎白女王授予了爵士称号。

2006 年，克利伯环球帆船赛首次登陆青岛。青岛也成为克利伯环球帆船赛唯一登陆的中国城市。2007 年，以青岛城市命名的"青岛"号大帆船首次加入克利伯环球帆船赛，开创了中国帆船运动走向世界的先河（图 2-7）。

图 2-7 "青岛"号大帆船

第三节 如何欣赏帆船比赛

一般来说，帆船比赛中如果风力小于 3 米 / 秒，比赛就无法进行；大于 20 米 / 秒，就会对运动员造成威胁。另外，由于风向、风速、气象、水文等条件的不断变化，竞赛场地不是固定不变的，帆船比赛一般是在规定的区域里按照气象水文情况进行布设（这个区域的海图位置，赛前要通告参赛者），场地的布设一般在距比赛起航半小时至 5 分钟前完成。比赛中，帆船不能正迎风前进，需走"之"字形，运动员选择、把握航向，判断哪种航向受风最佳，全靠运动员的经验和技术。

帆船比赛三大"看点"

一、看启航

启航时，所有参赛的船只在起航线后集结，选手们齐头并进的场面十分壮观（图2-8）。

图 2-8 直线航行

二、看绕标

帆船比赛场地由若干个浮标来界定，运动员绕标航行时，既可以清楚地看出运动员的先后位置，还能使观众近距地欣赏到运动员们竞技的精彩场面（图2-9）。

图 2-9 绕标

三、看冲线

观众可以领略到选手们驾驭帆船向终点疾驰的速度魅力（图 2-10）。

图 2-10　帆船冲线

第三章 帆船航行原理

第一节 OP 级帆船基本介绍

一、OP 级帆船主要组成部件名称

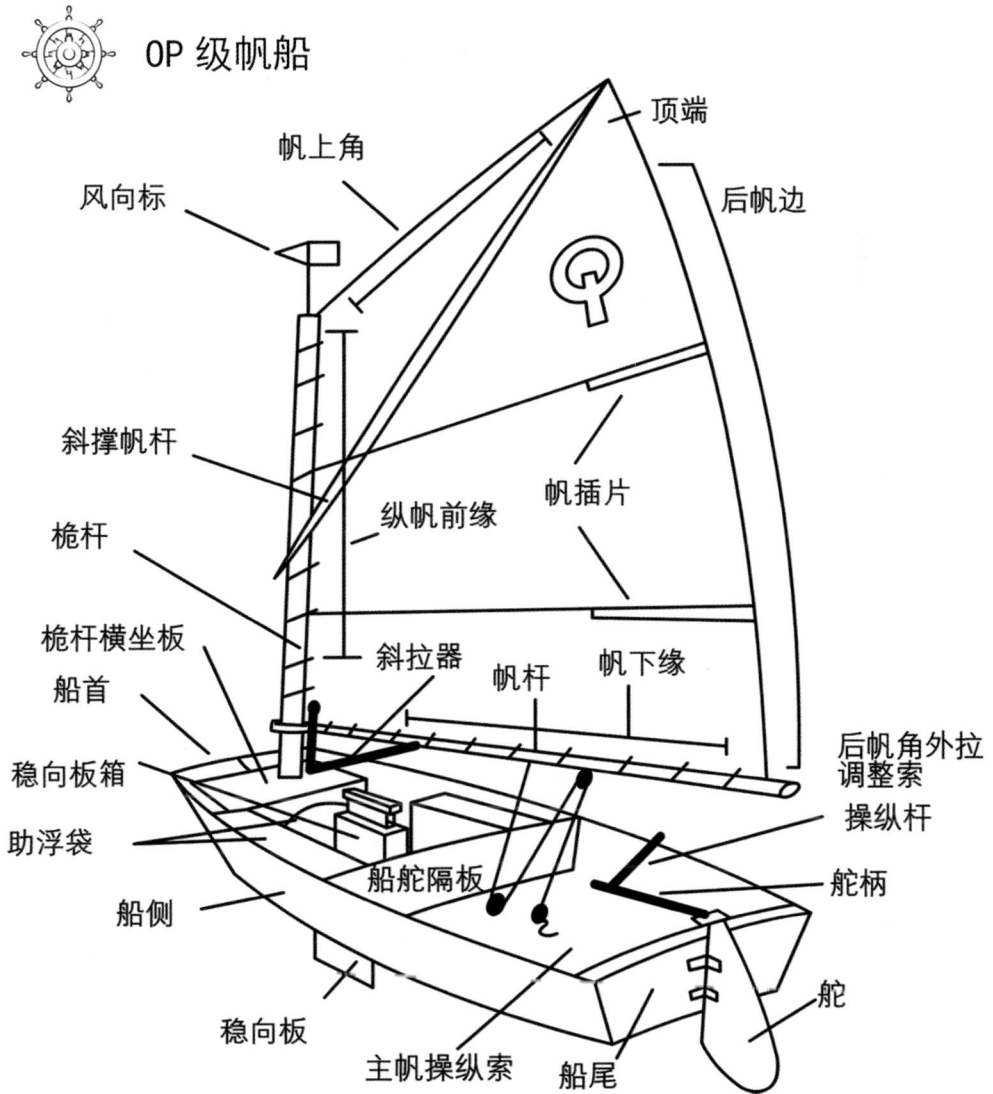

OP 级帆船

图中标注：顶端、帆上角、风向标、后帆边、帆插片、斜撑帆杆、纵帆前缘、桅杆、桅杆横坐板、船首、斜拉器、帆杆、帆下缘、稳向板箱、后帆角外拉调整索、助浮袋、操纵杆、船舱隔板、舵柄、船侧、舵、稳向板、主帆操纵索、船尾

图 3-1 OP 级帆船结构示意图

二、OP 级帆船组装步骤

1. 绑帆

帆头绳的绑法：直径 3 毫米的帆绳 2 根，水平的帆绳大约长 300 毫米，斜的帆绳大约长 400 毫米。水平的那条帆绳要使帆头紧紧地贴在桅杆上，斜的那根用来调整帆的高低，使帆上的线正好在桅杆的两条黑线内，如图 3-2 所示。

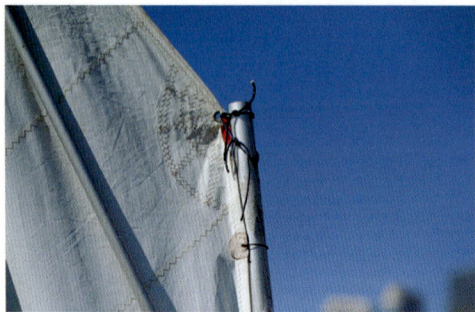

图 3-2　桅杆顶部

帆下边的绑法：直径 3 毫米长度大约 400 毫米的帆绳有 2 根。因为帆的下边受力比较大，所以需要使用双股帆绳加以固定，使帆紧紧地贴在桅杆和帆杆上。

帆杆、桅杆帆绳的绑法：使用直径 2 毫米、长度约 300 毫米的帆绳，使每根帆绳穿过每一个帆孔，船帆与桅杆的距离不可以超过 10 毫米，且帆的松紧度应保持上下部基本一致，连接完成后帆上的黑线应处于桅杆的限制线之内。用于固定后帆边的帆绳，直径大约 3 毫米，可使帆边紧贴在帆杆上。

2. 斜杆安装

将斜杆的一端固定于船帆上，然后收紧斜杆升降索，根据风力的大小随时调整斜帆杆的高度（图 3-3）。

图 3-3　斜帆杆

3. 帆杆和斜拉器

如图 3-4 所示，需用直径 3 毫米的帆绳固定后帆边，使帆边紧贴在帆杆上。斜拉器的松紧度需要根据风力的大小做出调整，风越大越紧，反之越松。

图 3-4　帆杆与桅杆的连接

4. 桅杆固定

如图 3-5 所示，桅杆固定是帆船组装最重要的一个环节，下水前务必检查是否安装牢固，若未按要求进行组装加固，出现倾覆的概率将大为增加，可直接导致船只损坏，影响安全。

图 3-5　三角架

5. 主缭绳

主缭绳的作用是通过滑轮连接帆杆与船体，用以控制帆的角度（图 3-6）。

图 3-6　主缭绳

6. 舵、稳向板安装

舵的作用是控制帆船前行的方向（图3-7）。稳向板的作用是通过稳向板槽插入船体防止帆船在前行过程中发生横移（图3-8、图3-9）。

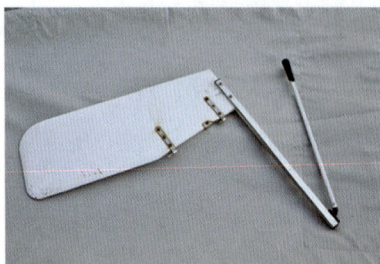

图3-7　舵

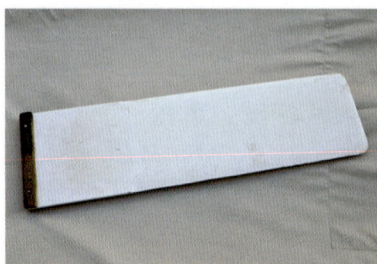

图3-8　稳向板

图3-9　安装稳向板

7. 组装完成（图3-10）

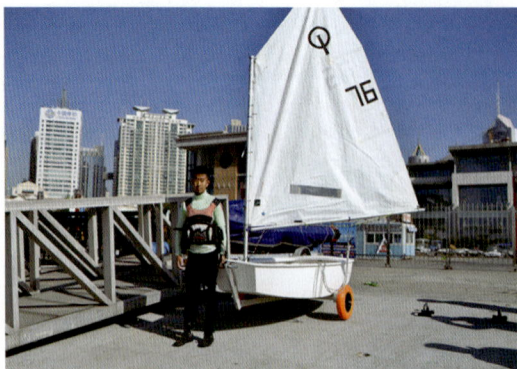

图3-10　整船完毕，等待下水

三、航海常用绳结打法

1. 平结

平结用途：在帆船项目中，平结主要用于 OP 级帆船组装时，帆与桅杆、帆杆的连接过程中。打法如图 3-11 所示。

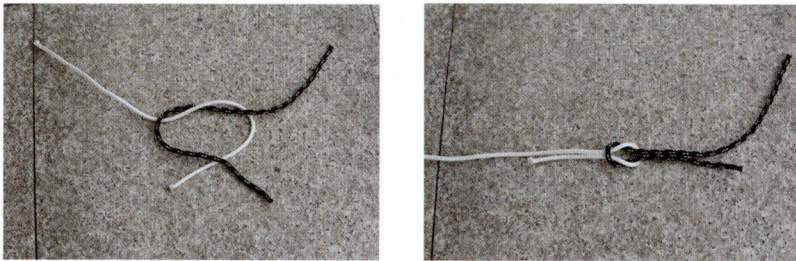

图 3-11　平结

2. 防脱结

防脱结用途：将绳索固定于圆环、圆柱时使用（如图 3-12)。

图 3-12　防脱结

3. 丁香结

丁香结用途：多用于缆绳加固，将船系牢于船桩。打法如图 3-13 所示。

图 3-13　丁香结

4. "8"字结

"8"字结用途：绳索穿过孔洞时防止脱滑（图3-14）。

图 3-14 "8"字结

5. 单套索

单套索用途：高空或舷外作业时用作临时安全带。打法如图3-15所示。

图 3-15 单套索

 活学活用

上面的五种绳结的打法你都学会了么？除了用于帆船外，他在实际生活中，还能用于哪些地方呢？

第二节 帆船行使原理

流体力学中的伯努利原理：

在水流或气流里，

如果速度慢，所承受的压力就大；

如果速度快，所承受的压力就小。

Daniel Bernoulli
丹尼尔 · 伯努利

例如：

放风筝时，流动的空气受风筝弧形翅膀的阻碍，下层空气流速降低，承受的力变大，如果超过上层气流，就会将风筝推向天空。

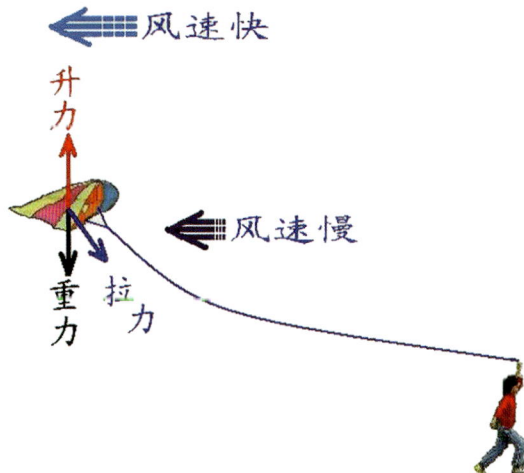

风速快

升力

风速慢

重力

拉力

图 3-16　升力产生原理

一、伯努利效应原理

帆船前行的主要动力是风，且风作用于船帆上带动帆船行驶的工作原理是伯努利效应原理（图 3-17），也就是说当空气流经类似机翼的弧面时，会产生向前向上的力，因此，帆船才会向既定方向前行。

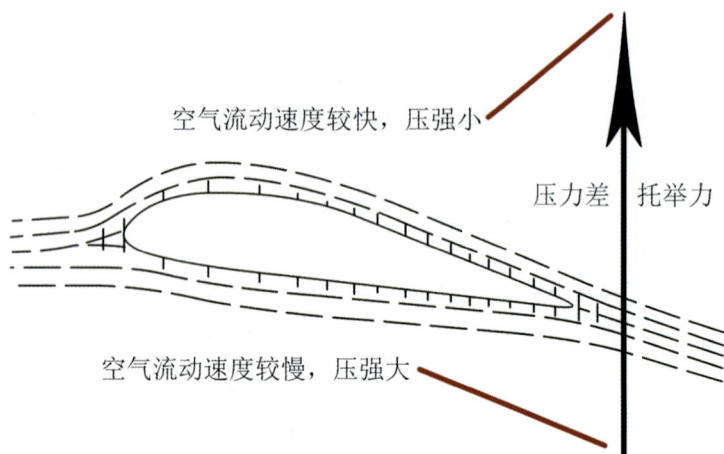

空气流动速度较快，压强小

压力差　托举力

空气流动速度较慢，压强大

图 3-17　伯努利效应

帆船使用的帆是有形状的，它的帆面不是平直的，而是有弧度的。因此，当气流从帆前缘流到后缘时，经过帆上面的风流动的距离长，帆下面的风流动的距离短。流速快的一面所承受的力小，流速慢的一面所承受的力大，因此帆的上风面和下风面会产生压力差，帆的下风面就产生拉力，这个拉力就是帆的升力（合力）（图 3-18）。

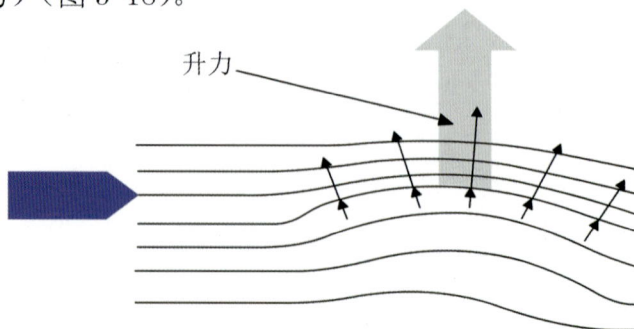

升力

图 3-18　升力产生示意图

二、稳向板工作原理

起初在水上航行时，人们发现帆船受风和水流影响，不走直线。后来经过实践得出，将船桨插入水中时，可以降低因风和水流影响所带来的横移，稳向板就此产生（图 3-19）。稳向板起到增加阻力的作用，能够防止帆船随着水流横移，提升了帆船的前进速度。

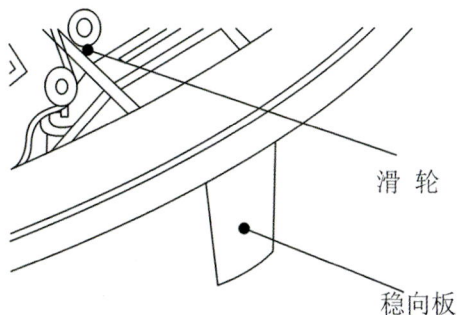

图 3-19　稳向板示例

图 3-20　稳向板工作原理示例

大多数单人帆船都有一个稳向板，当帆船迎风行驶时，仅靠升力的作用只会使帆船横移，而无法产生前进的动力。为了使帆船向既定方向行驶，必须降低帆船横移的力量。这就要依靠船体的流线形状以及稳向板带来的横向阻力（图 3-20）。

第三节 水文气象知识

一、风

风是空气在水平方向上因气压和温度的不同而产生流动形的自然现象，风对水上运动的影响十分明显，是帆船的主要动力来源。风包括风向和风速两个要素，风向一般用十六方位法表示，如图 3-21 所示。

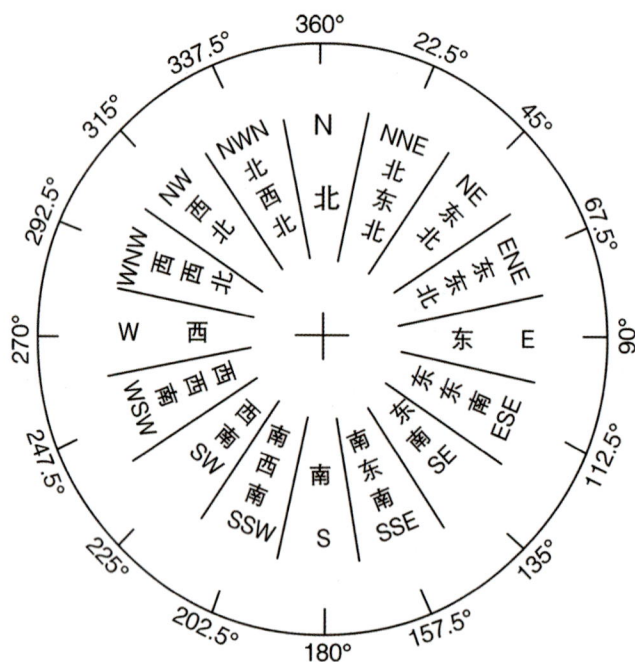

图 3-21　方位示意图

风速是指单位时间内空气在水平方向所移动的距离。

最常用的单位为米／秒、千米／小时或海里／小时（节）。

换算关系是 1 米／秒 =3.6 千米／小时 =1.944 海里／小时。

　　根据帆船航行角度的划分，可以看出，帆船除了正顶风不能行使以外，其他八个方向的来风（左右舷各四个方向）都可以行使，所以说帆船能行"八面风"。

　　将船艏正顶着风，这时风向线的角度为零，若将其左右两侧各分为 180 度，除正顶风外的其他迎风、横风、顺风和尾风，我们统称为风向角，如图 3-22 所示。

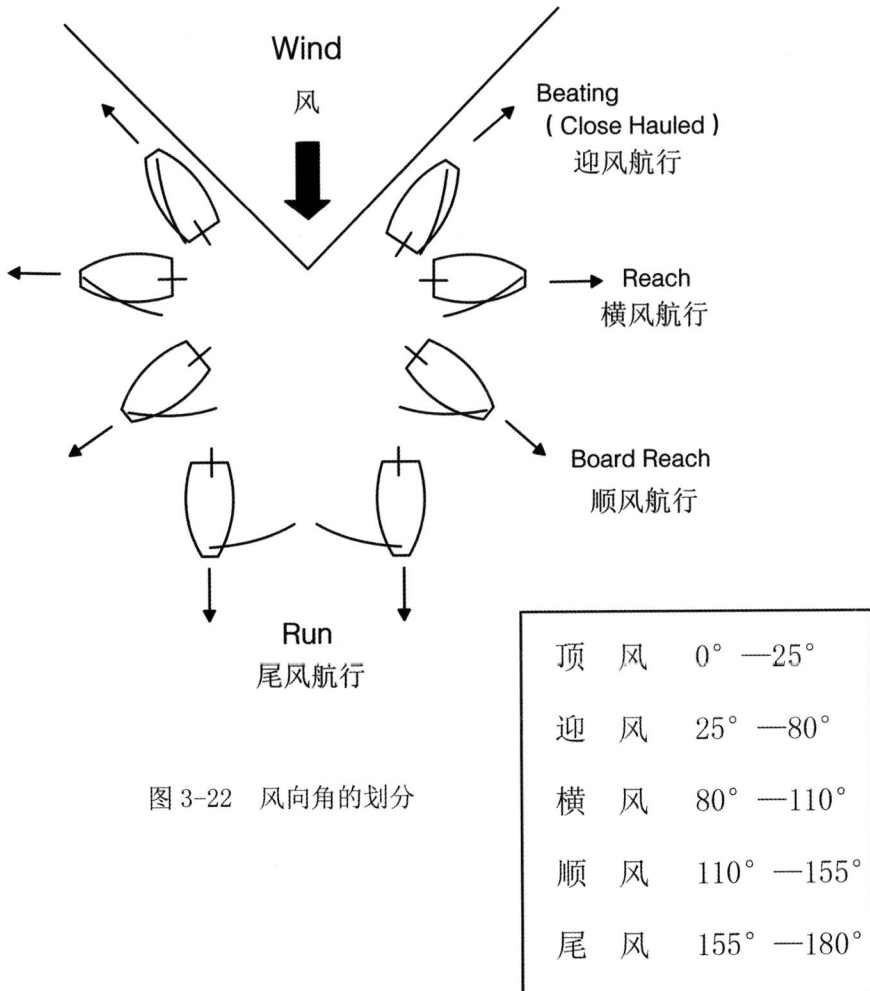

图 3-22　风向角的划分

顶　风	0°—25°
迎　风	25°—80°
横　风	80°—110°
顺　风	110°—155°
尾　风	155°—180°

二、流

海面每天都发生周期性的涨落，这种海面的升降现象称为潮汐。潮汐的形成与月球、太阳和地球的相对运动有着密切的关系，其中月球引力是形成潮汐的主要因素。在帆船的训练和竞赛中，对潮汐规律的掌握是非常重要的。利用潮汐可以确定航线、战术，还可以调整器材来制订训练和竞赛计划。

相对于潮汐，流对帆船航行的影响更大。流是海水有规律地向一定方向流动而产生的。流包括流向和流速两个要素。海水流动的方向叫流向，海水流动的速度叫流速，单位是节。如海水向东流，速度二节，可写成"流　90°、0—2 节"。

"顺流"的时候，借助流的推动，帆船的实际速度会比单独受风的情况下快。

"顶流"的时候，实际行驶的速度会比人在船上的感觉慢。

"横流"的时候，船在前行的同时也在横移，需要注意目的地方向。

让我们来了解一下流对帆船航行的影响

第四章 帆船基本技术

第一节 首次出航与航行方向

一、首次出航

1. 登船

上、下船时，应小步慢速行至船体中央位置并抓牢船体。顺序靠前的登船者应尽量将自己保持在船体的中心位置。初次航行时，稳向板应始终放置于最底部（图 4-1）。

图 4-1　安装舵

2. 起航准备

一般双人艇上配备舵手和缭手两名操船者。舵手是指掌舵驾驶帆船、控制主缭绳并保持船体平衡的人。操控帆船时，舵手应当处于帆杆对面，这有助于

31

操纵者更好地观察帆船本身和周围的状况。同时，舵手还有职责保证船上的每一位成员都按照要求穿戴好救生设备并遵守安全守则（图 4-2）。

图 4-2　帆船出航

与舵手相互配合的缭手，是船上的另一重要成员。帮助舵手平衡帆船、调整帆的方向和角度、观察船的周围是否有其他船只或障碍物是缭手的主要职责。根据航行的实际情况，有时缭手还需要调整帆船上的某些部分，如斜拉器等。

我们现在学习的船型多为 OP 级，较少涉及同时配备舵手和缭手的双人帆船，因此我们在后续的章节中将重点讨论学习单人艇的相关知识。

图 4-3　顺风航行

3. 如何控制帆船的运动方向

与汽车上的方向盘操作方向相反，若想使得行进中的帆船向某一个方向转弯，只需向相反的方向推或者拉舵柄即可，如图 4-3 所示。

4. 帆船的平衡与安全位置

在实际操控帆船的过程中，仅仅通过对帆的调整而不使用舵就可以实现对帆船的有效控制。作用在帆面上的力将帆船牵引向前方和侧方，水作用在稳向板和舵上的力量也会对抗帆船向侧方的移动。来自各个方向的力作用在帆船上达到平衡时，帆船将沿直线行驶，反之将会发生偏转。因此，实际航行中我们可以人为地打破这种平衡，实现需要达到的目的。

实际航行中，当风从船体的一侧吹来时，若松开缭绳，船帆就完全处于自由飘动的状态，在较短时间内帆船就会降速直至停止行驶，此时操作者和帆船便处于安全位置（图4-4）。

图4-4　离岸出航

5. 起航与停船

对于初学者而言，学习最基本的航海技术时，首先要学练如何起航和停泊帆船。起航最简便的做法就是把舵控制于船体的首尾线上，同时收紧船帆，帆船就会顺畅地行驶（图4-5）。

图4-5　横风航行

相对于起航，帆船的停泊技术较为容易，比较常见的有两种方法。一种是松帆，即完全松开缭绳，使得船帆自由飘动，完全失去动力。二是操作帆船转向，使得船艏直接处于正迎风状态（图 4-6）。

图 4-6　顺风航行

二、航行方向

风是帆船前进的主要动力，帆的作用是将风力转化为帆船向前运动的动力。我们在学习如何调整帆的过程中，一定要时刻握紧缭绳并通过其承受拉力的强弱逐渐体验到风作用在帆面上的感觉。

在帆船航行过程中，有六种基本的航行方向。

1. 正顺风航行

如图 4-7 所示，风直接从帆船的尾部吹向船艏方向。此时，我们应当松开缭绳，使船帆与船的首尾线成垂直关系。

图 4-7　正顺风航行

2. 大角度横风航行

风从帆船的侧后方吹来，此时，航行状态比正顺风时略快（图 4-8）。

图 4-8　大角度横风航行

3. 横风航行

风从帆船的正侧面吹来，这对于绝大多数船型来说速度将达到最大（图 4-9）。

图 4-9　横风航行

4. 小角度横风航行

如图 4-10 所示，风从帆船的侧前方吹来，此时，船体可能会向另一侧发生较大幅度的倾斜，应提高应变能力。

图 4-10　小角度横风航行

5. 近迎风航行

如图 4-11 所示，风从帆船侧前方偏正面的方向吹来，此时，收帆的技术和能力是很重要的，应多加练习。

图 4-11　近迎风航行

6. 禁行区域

如图 4-12 所示，在正顶风的状态下，帆船无法行驶，风向及其两侧各 45 度左右的范围，我们通常称其为" 禁行区域 "。

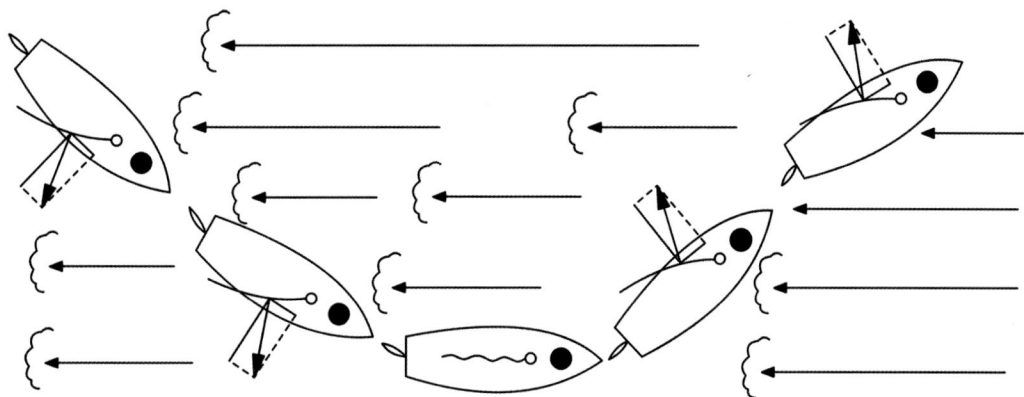

图 4-12　禁行区域示意图

航行中，船头的指向就是航行的方向。当船的航行方向发生变化时，应立即作出对帆的相应调整，以便获得条件允许范围内的最佳动力。

第二节　出航与返航

在练习操纵帆船时，出航离岸和返航靠岸是两项比较重要的驾驶技术。这些技术需要恰当地把握时机、判断距离和速度，并根据实际需要继续保持或降低船速。

一、出航离岸

首先，需要弄清什么是码头的"上风边"和"下风边"。对于固定的码头或者是帆船的停泊地点而言，更接近风吹来的一侧停靠点被称为"上风边"，反之，被称为"下风边"。

帆船出航离岸有两种基本方法。

1. 从码头的下风边出航

如图 4-13 所示，借助于风力，将帆船"推"离码头，然后转动船艏使帆船离开码头，并以横风行驶的状态向前航行。

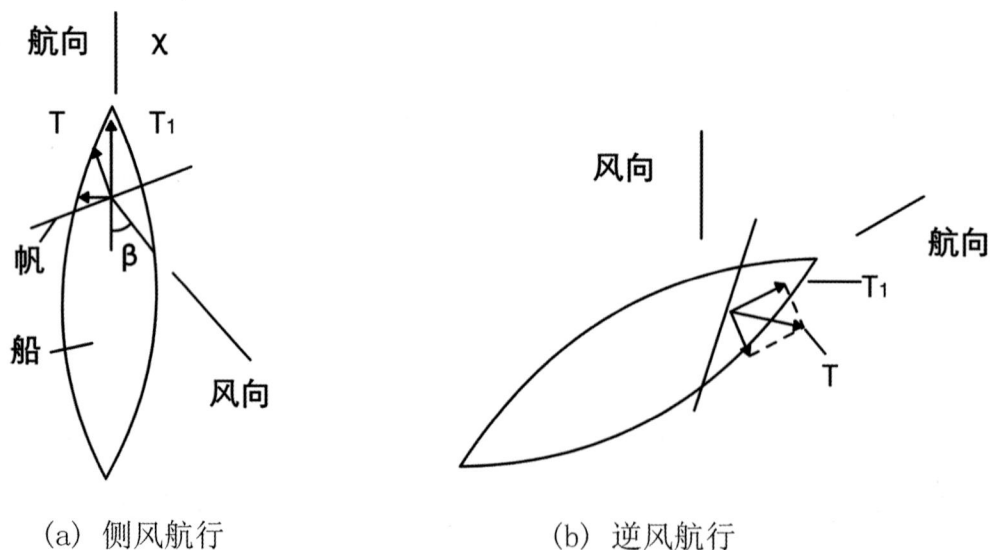

(a) 侧风航行   (b) 逆风航行

图 4-13 风向示意图

2. 从码头的上风边出航

这是一项需要一定技巧的离岸方式。如果准备不够充分，帆船很容易被风吹回码头。因此，初学者需要尽可能地从码头的下风边出航，如图 4-14 所示。

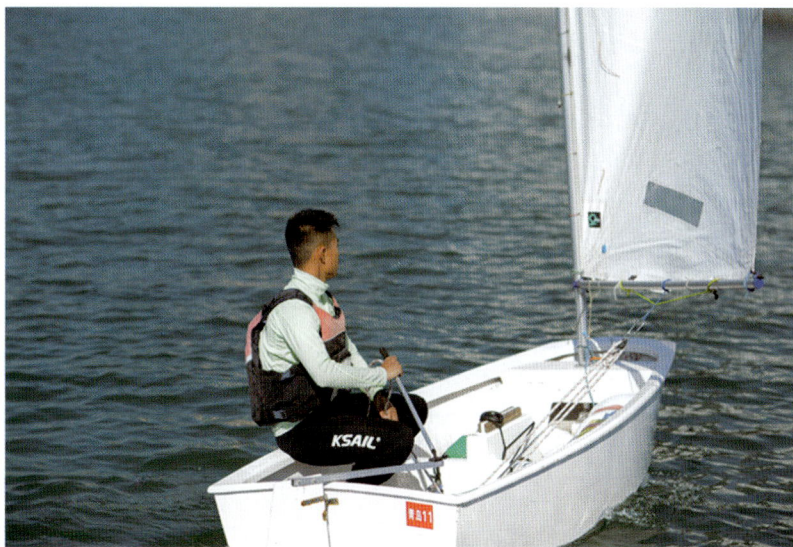

图 4-14　出航离岸

二、返航靠岸

帆船从进入禁行区域开始减速滑行到码头或停泊处的距离被称为"滑行区域"。准确判断不同自然条件下的滑行区域长度是比较困难的，需要经常练习方可熟练掌握此项技能。

返航靠岸有两种方法。

1. 从码头的下风边靠岸

对于初学者来讲，返航靠岸时难度最低的方法就是以横风航行的状态靠近码头。进一步练习提高水平后，部分练习者可以做到控制帆船的船艏顶风，缓缓滑行靠近码头。同时要提前规划好靠岸不成功时的脱离路线，以避免风向突变等因素带来的麻烦，如图 4-15 所示。

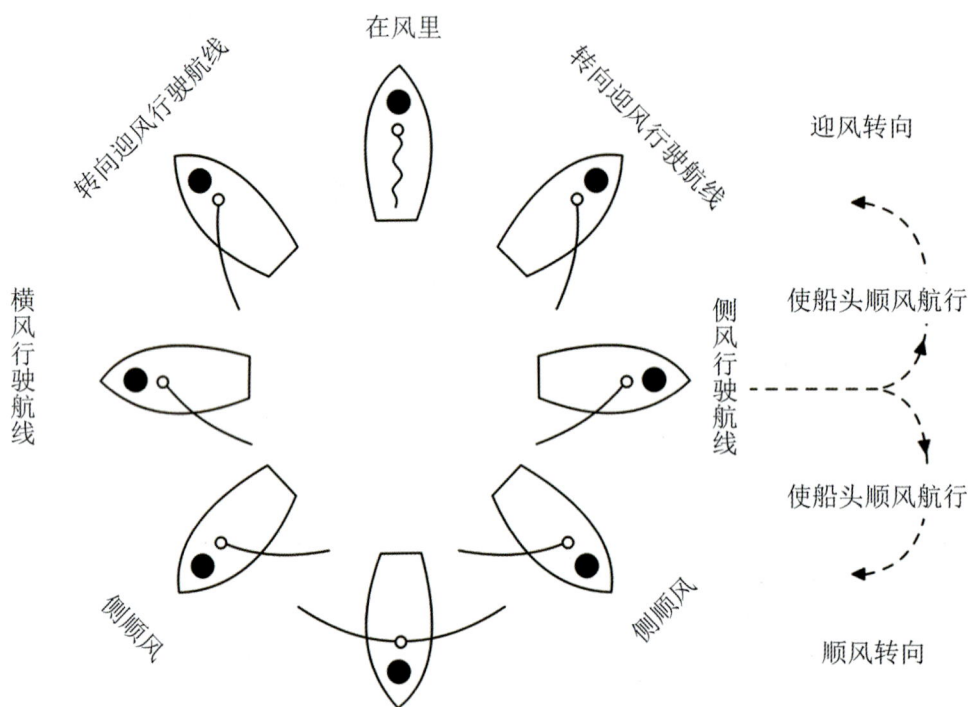

图 4-15 帆船转向示意图

2. 在码头的上风边靠岸

如图 4-16 所示，与从码头的上风边出航相同，在码头的上风边靠岸也非常具有挑战性。建议初学者尽可能从码头的下风边返航靠岸。

图 4-16 返航靠岸

驾驶帆船返回码头时，练习者会经常发现风向与出发的时候发生了变化，这就需要及时调整帆船停靠的位置。必须注意，慢速靠岸优于快速靠岸，准确的判断和良好的计划是非常重要的。

第三节　迎风航行和顺风航行

帆船迎风行驶技术是帆船运动中最有价值和意义的环节。这项技术使练习者具备了在风力和风向发生变化时做出调舵和调帆动作的能力。迎风航行技术要求练习者能够注意到自己在船上的正确位置和帆船的迎风角度及合理的倾角。

顺风航行是帆船练习者最喜好的风向。顺风航行时，帆始终处于被松开的状态，能受到最大风力的推动。此时，船速与风速基本接近，帆船高速航行。

一、迎风航行

如前所述，帆船无法正对着风向行驶，因此，迎风航行时必须采用"之"字形航线向前迂回行驶（图 4-17、图 4-18）。这就是迎风转向换舷技术。

在做迎风转向换舷练习时，经常出现一些错误动作，找出相应失误原因的同时，在完成迎风转向换舷技术动作时帆船必须具有适合的速度。

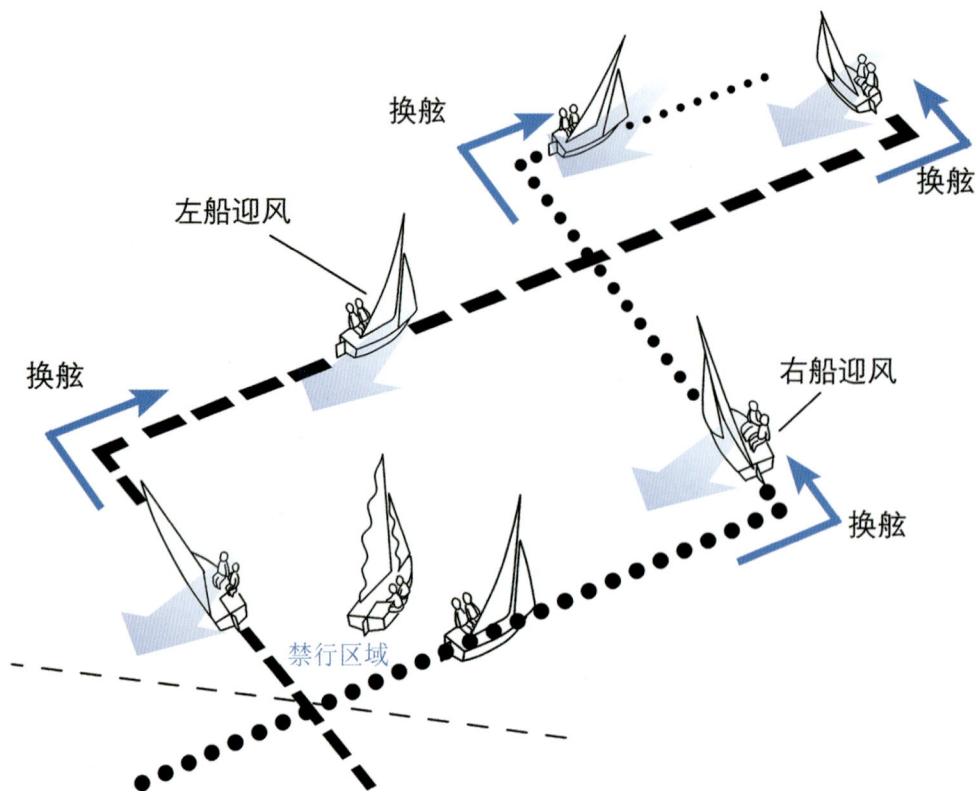

图 4-17　迎风航行示意图

图 4-18　迎风航行

进入迎风换舷之前，必须使帆船具有一定的航行速度通过禁行区域，以防止帆船在禁行区域中停止行驶。若帆船在禁行区域中停留时间过长，便会停止行驶且随海流飘动失去控制，我们称这种现象为"陷入枷锁"。摆脱这种不利局面最简单的方法就是向同一方向同时推舵柄和帆杆。

二、顺风航行

顺风航行时，练习者驾驶帆船改变其受风部位，我们称之为"顺风换舷"，如图 4-19 所示。完成此项技术动作时，要求练习者对风向有敏锐的感知能力。顺风换舷时，如果时机选择不当，帆和帆杆会突然横过船体，造成严重后果，我们称这种情况为"意外顺风换舷事故"。

图 4-19　顺风航行

顺风换舷时，船帆会快速地横过船体尾部，到达帆船的另外一侧并立刻受风。这种突然的强大力量很可能引起船体倾斜、旋转，甚至倾覆。对于初学者而言，如果风力较大而不能安全地进行顺风换舷，建议练习者按照顶风航行—换舷—顺风的步骤进行操作。

在操作帆船的所有技术动作中，顺风换舷是最容易出现错误的技术之一，必须在风力风向意识、换舷技术以及实践操作等各方面体会、总结、提升，才能在这一关键技术环节上取得质的突破。

实践篇

第五章 初识帆船

第一节 帆船知识长廊

自学校深入开展"帆船运动进校园活动"以来，帆船推广普及活动便如火如荼地开展起来。形式多样、内容翔实的学练活动日益丰富，给校园内带来了一股清新的"帆船风"，很大程度上普及了帆船基础知识，提升了帆船运动的推广度和美誉度。在众多的宣传手段中，设立"帆船知识长廊"便是其中非常具有时效性和可操作性的一种（图5-1）。

图5-1 校内帆船知识角

在校内的宣传栏中，开辟固定的"帆船知识"专栏，由团委和学生会的师生共同负责，有重点、有针对性地选择相应的普及内容，表述清晰、逻辑性强、言简意赅、浅显易懂，使得帆船知识零基础的学生通过阅读也能够在一定程度上对帆船项目有所了解。橱窗所展示的内容由专人负责，定期更换，紧跟帆船运动发展潮流，将最新鲜、最及时的帆船动态呈现给全体师生，切实加强了帆船运动在校园内的影响力，提升了知名度，激发了师生的参与愿望，调动了大量蕴藏于普通学生中的潜在参与人群，起到了很好的宣传推广效果。

第二节 帆船知识进课堂

为推动学校帆船运动发展，提升帆船爱好者的理论知识和实操水平，学校打造了形式多样的帆船知识讲座。这种组织形式注重学生对知识的探究，让他们可以时刻感受帆船独有的魅力。知识讲座每学年至少开展两次，由学校专职教师或外聘专家组织授课，形式多样，内容由浅入深，循序渐进，使同学们更直观、更深刻地了解帆船运动。

对于初学者而言，OP 级帆船是入门级船型。通过帆船知识的普及，安全航行技能的演练以及安全常识的讲解等，诠释了帆船运动的深刻内涵（图 5-2）。另外，学生可通过投票、填写统计表格等方式，选择自己感兴趣的知识内容进行学习，有效调动学生的主观能动性，使学生从被动接受，转变为主动汲取知识。同时，学校还计划开发新的授课方式，利用微课和短视频等形式提升学生的理解能力，创设了独具特色的校园文化，营造了浓厚的帆船教育氛围。

图 5-2 指导老师举行"帆船运动发展史"讲座

第三节 体育节帆船周

学校帆船周致力于传承奥运精神，开拓国际视野，依托蓝色海洋教育，普及帆船知识，逐步培育成运动与文化、激情与梦想、竞技与娱乐相互交融的学校帆船盛会，不断提高帆船在全校学生中的影响力（图5-3）。

图5-3　学校师生赴奥帆中心参观

学校利用每年春季的体育节进行帆船周各项活动，帆船知识的学习和技能的操作是帆船周中的重要内容。学生主要进行打绳结比赛（图5-4），要求每班选出30名同学参加，在规定时间内，要求打出多种帆船常用绳结，激发学生对对帆船运动的兴趣，培养学生动手动脑的能力，引导学生理论联系实际，有效地把打绳结方法应用到实际生活中去。

图5-4　学校学生举行打绳结比赛

外出参观也是帆船周的一项重要活动，活动期间组织七年级学生分时段、分批次前往奥帆中心进行实地参观和学习，聘请专业教师进行现场讲解和演示，学生动手操作，亲身体验，与帆船零距离接触，感受帆船运动的魅力（图 5-5）。通过观看现场赛事，深入了解、巩固帆船基本知识，为学习其他级别的帆船知识打下基础。

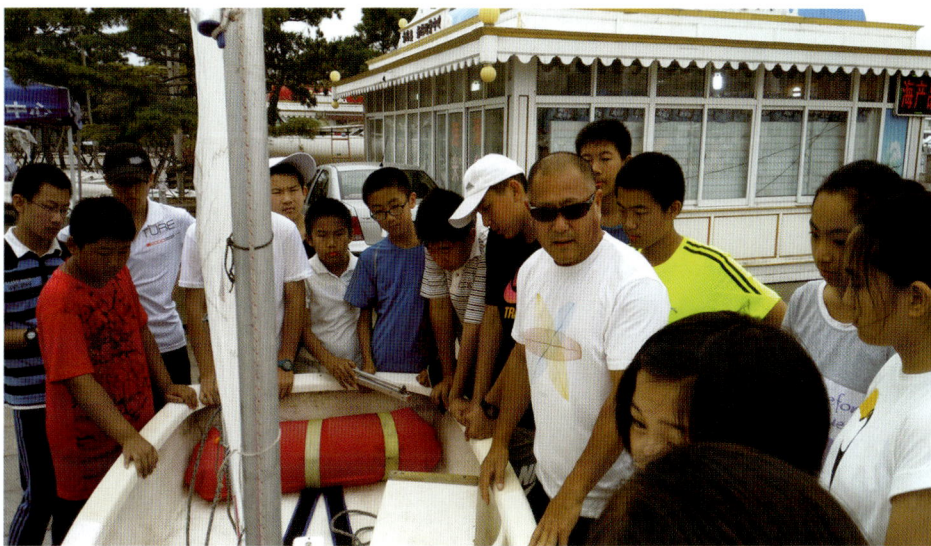

图 5-5　专业教练现场讲解帆船结构

第六章 走近帆船

第一节 帆船选修课

一、青岛实验初中帆船选修课简介

（一）背景

自 2006 年始，在青岛市政府、教育局、体育局等部门的大力倡导下，"帆船运动进校园活动"一直如火如荼地开展着，学校作为第一批帆船示范学校，一直走在帆船运动推广普及活动的最前沿。多年来，学校涌现出大批的帆船爱好者和参与者。为进一步扩大帆船运动的影响力，增加帆船运动的参与人数，学校设立了多种渠道的帆船运动参与途径，经过逐年筛选，逐渐梳理出了几种广受师生喜爱、可操作性强、趣味性高的形式，其中最具特色的是学校帆船选修课。这种授课方式受到了各年级学生的欢迎，培养了大批的基层爱好者，为帆船运动进入校园、扎根课堂打下了坚实的基础。

（二）目标

学校开展帆船选修课课程，其指导思想是"人本立校，快乐育才"的育人理念，结合学生的实际需求，设立了理论学习和实操练习等诸多方面的课程，重点学习 OP 级帆船的相关知识，尽可能关注学生的个性、潜能、特长的发展，并结合学校的资源优势，使每个学生都能拥有适合自己的个性化课程。

（三）意义

在新课程实施的背景下，帆船选修课程的开展，是学校推进素质教育、培养创新型后备人才的必然需要，也是学校坚持自身科学发展、提高师资队伍水平、提升办学特色的最佳选择（图6-1）。它的发展和建设进一步完善了"科学、人文、和谐"的课程体系，促进了教师专业发展和学生素质的全面提升。

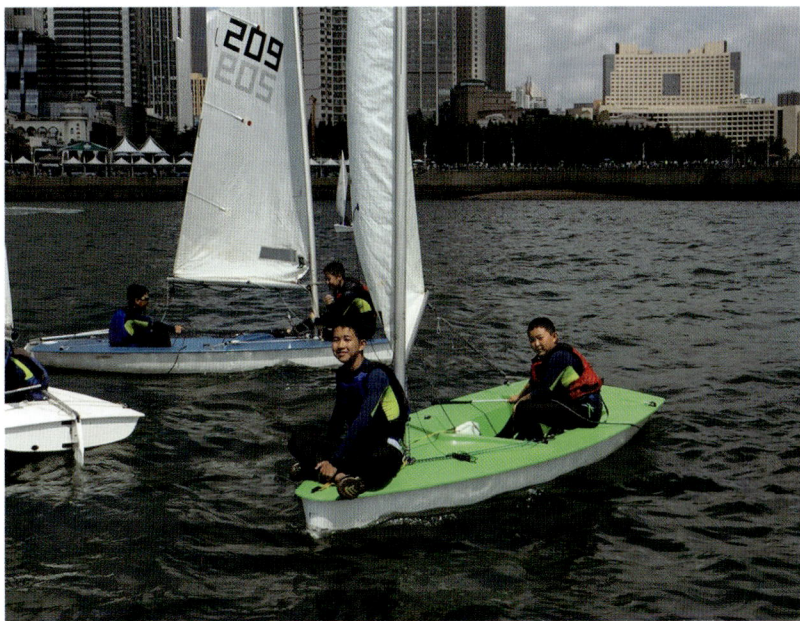

图6-1　悦浪级帆船夏令营

（四）安全要求

在帆船学习过程中，要树立牢固的安全意识。救生设备必须完好且及时配备。不断提升自救能力，掌握多种求救方式，学会观察海上环境，具备利用风向、天气、波浪、水流等诸多因素的能力。

二、帆船选修课的组织实施

近几年来，学校认真做好帆船选修课指导工作，动员家长、社区、大学等资源，尽量满足学生需求，并制订了详尽的课程实施计划和方案，室内课与室外课的比例大致控制在 8：2。 在课时安排中，七年级每周一节，重点了解 OP 级帆船运动的相关知识，能够独立完成基础船型的配件组装（图 6-2、图 6-3）。这种课时安排，符合该年龄段学生身心发展规律，让学生轻松地学习，快乐地学习。同时，注重课程教授的广度、深度和评价导向，关注学生考勤与考核。

图 6-2　校本帆船课程实践操作

图 6-3　校本帆船课程理论课

三、帆船选修课开展的预期设想

学校帆船选修课，充分发挥了帆船运动特色学校的阵地作用，深入开展了帆船运动知识传播和实践活动，为进一步提升青岛帆船运动水平和文明素质，推动青岛帆船运动持续发展做出了贡献。依据以上成果，学校将继续完善帆船选修课的组织形式，按照"强化质量、完善标准、动态管理"的原则，逐渐加大经费支持，扩充学员基数，以点带面，争取在全面提高帆船普及的专业水平基础上，培养和输送更多优秀的青少年帆船运动人才。

四、帆船选修课的课程评价体系

评价是指校本课程开发过程中的一系列价值判断活动，包括《课程纲要》的评价、学生学业成绩的评定、教师课程实施过程评定以及《校本课程开发方案》的评价与改进建议等。这里，我们仅对"学生学业成绩的评定"进行相关说明。

1. 日常行为习惯（课堂表现、学习态度、学习能力）

采用学生自评、组评与教师评价相结合的方式，根据对学生的日常考查与记录，由教师、组长提供实证材料等方式对学生的基本素质进行评价，最终结果按等级评价。

2. 学业能力考查（理论知识测查、实操课目考查）

由集备组、各任课教师根据教学计划、进度进行随堂考查，最终结果按等级评价。

3. 研究性学习

由学校研究性学习课题专属教师负责协调组织，考核学生自学、探究能力，对学生上交成果的难易程度进行评价，以等级的形式反馈。

4. 评价等级

帆船选修课总评成绩按优秀、良好、合格、不合格进行评定。

第二节 帆船夏令营

一、青岛实验初中帆船夏令营简介

在市政府、教育局、体育局等部门全方位投入下，作为青岛市"帆船运动进校园活动"的重要组成部分——帆船夏令营，已作为一项常规性的普及活动，在学校连续举办了十余年。参加的学生必须具备 400 米以上距离的公开水域游泳能力，好中选优，甄选品德优秀、表现突出、成绩优异的近百名学生参加每期十天左右的暑期实验初中夏令营活动，其中包含了帆船与帆板等不同级别的学习与训练（图6-4）。在训练营期间，由学校专职教师带队负责，并且配备资深教练进行指导和培训，切实做好学生的管理、教育工作。

图 6-4 校帆船运动员训练

二、帆船夏令营开展的目的及意义

学校帆船夏令营活动，注重学生的参与度，促进了学生自理自立能力的培养，营造了浓厚的帆船氛围。通过学习，掌握 OP 级帆船的结构、组装方法及航行规则等内容，学会驾驶 OP 级帆船的航行技巧，培养学生的团队协作能力，极大地提高了帆船运动在校园中的开展程度，充实学生在营地的每时每刻，共同成长。

三、帆船夏令营开展取得的成绩

参加帆船夏令营的部分同学，可通过考核获得青岛市教育局出具的官方认证，取得相应的等级能力认定证书和荣誉证书，为今后学生的后续发展搭建了平台，提供了更多的渠道（图 6-5）。经过多年的实践，学校被评为青岛市首批"帆船运动特色学校"和"帆船运动示范学校"，在无形中加大了帆船运动在校园中的宣传力度和影响力，许多普通学生正是受到了这类普及性推广活动的影响才积极加入到帆船运动中来，从而取得了优异的成绩。

图 6-5　OP 级帆船夏令营

第七章 驾驭帆船

第一节 帆船爱好者

十余年来，学校乘着帆船运动在青岛市大中小学校蓬勃发展的东风，积极开拓思路、创新手段与形式，不断推进帆船运动在校园内的普及开展，连续推出了一系列推广活动。

学校大力推进"帆船运动进校园活动"以来，成立了由学校团委、学生会主导、学生自发参与的帆船爱好者社团。成员主要由校内的帆船爱好者组成，大约有 50 人。社团定期开展活动，形式多种多样，场地灵活多变，给广大的帆船爱好者们提供了大量学习实践的机会，极大地提升了帆船运动在普通学生中的影响力，营造了浓厚的校园帆船文化氛围（图 7-1）。

图 7-1　指导老师给社团成员讲解帆船知识

在平日的帆船社团活动中，众多来自不同班级的帆船爱好者相互切磋交流、取长补短，在训练中建立起了深厚的友谊。通过对帆船知识和操作技能的学与练，同学们的帆船技能从无到有、由弱变强，充分体验到了驾驭帆船的乐趣与成就感。

　　帆船社团的成员接触帆船的时间长短不同,对帆船项目的理解程度不同,操作帆船的技术能力也不尽相同, 所以在日常的实操训练中,社团非常有针对性地将全体成员进行了分层次指导。有的成员仅仅是爱好,从未近距离接触过帆船;有的成员因为各种契机在小学期间就已或多或少地从事过帆船运动;还有的成员已经度过了初期的学练阶段,逐渐进入了更高一级的常态化水上训练阶段。因此,在学练过程中成员们真正发挥了互帮互助的精神,练习过程中有竞争、有合作,共同进步,取长补短(图7-2)。

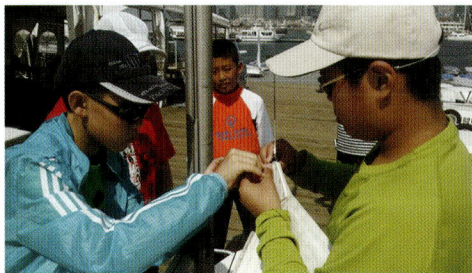
图7-2　帆船社团成员整理训练船只

　　随着操船技能日益熟练,社团成员在校园内的引领示范作用日益凸显出来(图7-3)。这些成员就是撒播在校园内各个班级中的"帆船种子",随着时间的推移,逐渐地发挥出了他们"星火燎原"的巨大带头作用,更多的普通学生看到了社团成员日渐精进的知识与技能,引发了他们参与帆船运动的积极性与主动性,有效地提升了校园"帆船人口"的数量。

图7-3　帆船社团成员与指导老师和教练员在一起

帆船社团从无到有、由小到大，经历了十余年的发展壮大历程。纵观近十余年来学校帆船事业的大发展，社团活动的蓬勃开展可谓是功不可没。社团成员们在学校老师和专职外聘教练员的指点下，不仅使自己的帆船知识与技能日渐精进，而且在营造整个校园帆船文化氛围、建设学校帆船运动环境、积极发展潜在"帆船人口"等方面都做出了自己独有的贡献。

相信在今后相当长的一个时期内，帆船社团作为学校极富特色的团队之一，必将在制定新的中长期发展规划、开阔新的发展思路、实施新的发展策略等各方面起到示范引领的作用，将学校的帆船事业进一步发扬光大，追求更加宏伟的目标。

第二节　帆船特长生

青岛实验初级中学自 2010 年开始招收帆船项目特长生。招生过程中，学校成立了专门的招生工作领导小组随时指导相关工作，责任明确到人，同学校其他项目的招生工作一样，也有专人负责。有计划、有预案、有步骤、有过程、有结果、有反馈、有反思，真正实现了招生工作的程序化、规范化、制度化、透明化，为学校能够招收到实力过硬的高水平帆船运动员打下了坚实的制度基础，如图 7-4 所示。

图 7-4　部分帆船赛事奖杯

十多年来，学校先后招收帆船特长生近 20 名，以此为基础成立了校帆船队。他们在各级各类比赛中多次为省、市及学校争得了荣誉。短短几年时间中，青岛实验初级中学的帆船影响力急速增长，帆船运动队伍迅速发展，培养出了一批高水平的帆船运动员，许多优秀的运动员被省级以上专业运动队伍挑选入队，接受更为专业的高水平训练，实现自我价值的同时也为帆船事业贡献了自己的力量。同时，也正是因为有许许多多高水平运动员的带动宣传，使帆船运动在学校广泛开展具备了坚实的群众基础。

历年来，学校帆船队在市、省甚至更高级别的各类帆船赛事中摘金夺银，屡创佳绩（图 7-5）。尤其值得一提的是，在 2017 年 8 月举行的中华人民共和国第十三届全国运动会帆船比赛 OP 级决赛中，学校的两名在校学生代表山东省 OP 帆船队参加了该项目的角逐，与来自全国各地的个中好手同场竞技，最终夺取了该级别比赛的亚军，创造了优异的成绩。

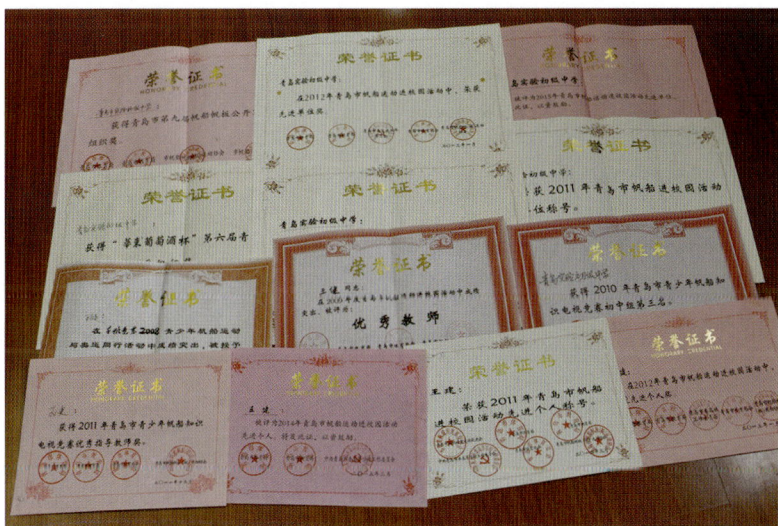

图 7-5 部分帆船赛事荣誉证书

此外，学校帆船队连续多年派出队伍远赴埃及、南非、西班牙、德国、澳大利亚、新加坡、泰国等国家参加交流比赛（图7-6、图7-7），与国内外的帆船好手切磋交流，以船会友，建立起了深厚的友谊，扩大了学校的影响力，促进了学校帆船推广普及活动的大发展。

图7-6　学校帆船队员在训练中

图7-7　学校帆船队员高弘吉赴西班牙交流比赛

学校帆船队在过去的十余年中为学校帆船事业的不断发展做出了重要贡献，今后必将在更多的方面发挥示范引领作用，使我校的帆船推广工作登上一个新的台阶。

特色篇 ▼

第八章　帆船发展历程

第一节　青岛市帆船运动发展历程

青岛是中国帆船运动的发源地之一，目前已成为我国青少年帆船普及活动的典范和标杆城市。帆船运动在青少年中不断普及，它不仅能够锻炼青少年的身体，更能激发青少年对家乡的热爱之情，以点带面，通过少数人群的示范带动作用将此项运动逐渐推广开来。

图 8-1　帆船运动员训练

图 8-2　OP 级帆船停靠码头

帆船运动是一项集竞技、娱乐、观赏和探险于一体，能够培养青少年的意志品质、提升身体素质和团队协作能力的运动，在参与帆船运动的过程中，青少年可以由易到难，不断激发自己的潜能，从情感、态度、价值观、团队意识、终身体育意识等诸多方面不断提高、增强帆船意识（图 8-1、图 8-2）。

帆船在青少年中的普及程度很大程度上决定了将来我们的"帆船人口"的基数有多大，所以，不断普及推广帆船运动是一项长期且艰巨的任务，也是一项非常有利于青少年身心发展的项目。

同学们，你们了解郭川么？

图 8-3　航海家郭川

郭川（图 8-3），出生于山东青岛，毕业于北京航空航天大学。作为"中国职业帆船第一人"，郭川在国际知名帆船赛事中获得诸多"第一"，如"第一位完成沃尔沃环球帆船赛的亚洲人""第一位单人帆船跨越英吉利海峡的中国人"等。 2012 年 11 月 18 日，郭川开启单人不间断帆船环球航行之旅，经历了海上近 138 天、超过 21600 海里的艰苦航行，于 2013 年 4 月 5 日上午 8 时左右驾驶"青岛号"帆船荣归母港青岛，成为第一个成就单人不间断环球航行伟业的中国人，同时创造国际帆联认可的 40 英尺级帆船单人不间断环球航行世界纪录。

2016 年 10 月 25 日，郭川因突发落水事故失联至今。

郭川的勇敢、自信、坚毅体现的就是勇于开拓、自强不息的中国精神。他以自己独特的方式为中华民族在世界探险史上留下了浓墨重彩的一笔。

第二节　青岛实验初中帆船特色教育

青岛实验初级中学是青岛市首批帆船示范和特色学校（图8-4），全程参与了"帆船运动进校园"的系列活动。自2006年以来，学校作为该项运动的参与者与执行者，见证了青岛市帆船运动的发展历程，在很多方面走在了推广帆船运动的前列。例如，设立帆船知识走廊、开设帆船选修课、招收高水平帆船特长生、开展以帆船运动推广为载体的"海洋教育"活动、举办校园帆船知识竞赛、定期聘请有关帆船专家、教练和现役运动员来我校进行讲座、有计划地参与到每年的青岛国际帆船周活动中，同时，还获得了多项荣誉（图8-5）。2015年，学校被评为初中学校中唯一一所"奥运七周年帆船运动进校园"活动特殊贡献的单位；学校每年都会被评为青岛市"帆船运动进校园活动"先进单位。可以说这些荣誉见证了学校帆船项目的发展和壮大，也再一次反映了学校领导对体育工作的支持和重视，真正意义上带动了一大批原本对帆船运动毫不了解的学生走近这一新兴项目，迅速增加了"帆船人口"，为省、市甚至全国培养输送了一大批帆船人才，具有了深厚的帆船运动底蕴，使帆船这个项目真正走进校园，走近学生。

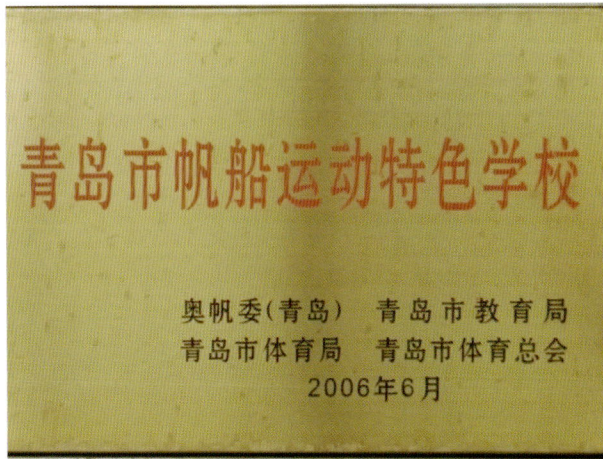

图 8-4 青岛实验初级中学被授予"青岛市帆船运动特色学校"

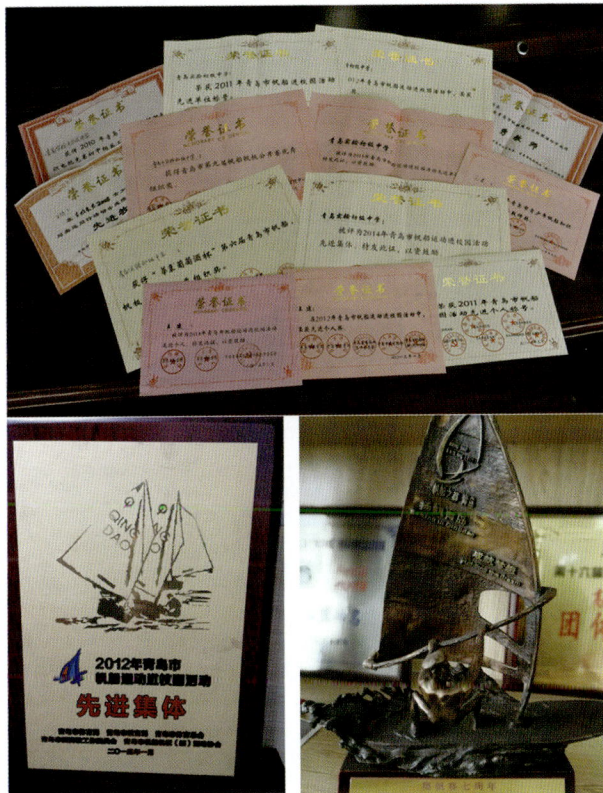

图 8-5 青岛实验初级中学学校帆船队取得的部分荣誉

在如此浓厚的帆船文化背景和校领导的大力支持下，在教育教学过程中，学校大胆进行了特色课程改革，将以帆船为代表的项目有效地融入了平时的体育课堂中，依托校本课程的发展平台，编写了具有学校特色的帆船校本课程教材，且不断加强与青岛市水上运动训练基地等技术保障单位的横向联系，形成了理论学习与实践操作的有效互补，使得学生高效、系统地学习了帆船的相关知识与技能，并以其为切入点和突破口，在平时的教学过程中注重加强各个体育项目之间共有的身体素质类练习，加强了学生自我学习的能力，教会了学生自学、练习的方法，养成了良好的锻炼习惯。在平时的学练过程中，学校制订了详尽的课程实施计划和方案，帆船课时安排分别为七年级每周一节、八年级间周一节、九年级每月一节，做到了理论知识与帆船技能实操的有机结合，有效提升了学生兴趣（图 8-6 至图 8-9）。近几年来，学校学生在青岛市帆管中心组织进行的帆船能力等级认定中，有近 200 人通过了"三级能力等级认定"，30 余人通过了"二级能力等级认定"，10 余人取得"一级能力等级认定"，为青少年帆船教学起到了很好的示范和引领作用，使得更多学生加入到帆船运动中来。

图 8-6　专业帆船教练授课

图 8-7　帆船运动进校园

图 8-8　帆船夏令营

图 8-9　校园特色体育活动推广

第九章 特色帆船课

初中阶段，学生的身体素质水平会随着年龄的增长而变化，表现出明显的波浪性和阶段性，称之为"敏感期"。在练习过程中要根据不同年龄的特点，针对敏感期，合理安排教学，全面而有侧重点地发展学生的身体素质，突破薄弱环节。

身体素质主要包括柔韧素质、速度素质、力量素质、协调素质和耐力素质这五大类。各种身体素质增长的变化程度有快有慢，一般会经历增长期、缓慢上升期、稳定期或下滑期、再次增长期这几个阶段。女生的身体素质发育敏感期一般早于男生。根据这些特点规律，七年级的学生适合发展柔韧素质和速度素质，以个人兴趣为主；八年级的学生重点发展协调素质、耐力素质和力量素质；九年级的学生可以在前两年的基础上，增加练习的密度和强度，加强力量和耐力素质。同时，把其他素质训练贯穿其中，采用有效科学的教学手段，达到事半功倍的效果。

帆船这一运动项目，要求运动员具备极强的身体素质。根据七年级学生的发展敏感期，选择 OP 级帆船为授课载体最为合适。OP 级帆船一般为青少年设计，单人操作，船体相对较小，易于初学者学习，作为培养青少年对帆船的兴趣和对其自身独立能力的提高确实是非常实用的（图9-1）。结合帆船的以上特性，可将该项目所要求的素质通过体育课上的练习同步加强，与其他项目的练习手段相结合，提升各项目间的契合程度。

图 9-1　整船

图 9-2　柔韧性练习

柔韧素质能够加大运动幅度、提高关节灵活性，并防止、减少身体伤害的发生（图 9-2）。帆船运动员要具备很好的柔韧性，要时刻保持船体平衡，避免船体倾覆，所以在常态体育课中，柔韧性练习已经成为每节课的必备环节和重要组成部分。在充分热身的前提下，形式多样的拉伸运动能够有效地防止、减少运动损伤的发生。徒手操、器械操是最常用的形式，自制教具也不断出现在课堂上，练习形式多样化。

在运动员的训练中（图 9-3），如何通过一定的方法和手段来提高其速度素质，是教练员要解决问题的重中之中。速度素质包括反应速度、动作速度、位移速度三个方面。

图 9-3　学校帆船队员训练

帆船运动特别重视运动员的快速移动能力。当风向和航向改变时需要运动员快速作出相应调整（图 9-4），这就需要具备较快的位移速度；另外，当运动员收帆时，同样也需要反应速度和动作速度相结合。如果这种快速运动能力不足，将会给帆船操作带来很大困难。因此，在平时的体育课中，需要结合帆船的相关速度特点进行一系列的速度素质训练。例如，反应起跳、启动追拍练习、追逐游戏、抢球游戏等。这些练习手段摆脱了单一素质练习枯燥无趣的弊端，增加了学生的练习兴趣，提高了学生的自主能动性。同时，还应十分注重学生良好习惯的培养，日常的饮食、睡眠和思考习惯都会影响自身速度能力的发展。

图9-4　等待启航

图9-5　学校田径运动会

当然，也决不能舍弃其他素质练习。力量素质、协调素质和耐力素质在以上两大素质的引导下，同样发挥着非常重要的作用（图9-5、图9-6）。

力量素质通常通过静力性力量和动力性力量训练法提高学生的专项力量素质及综合身体素质。在练习中，通常采用曲臂悬垂、单腿跳、俯卧撑、"推小车"、负重蹲跳起等练习方法，这样上下肢力量、腰腹肌力量等肌肉群都得到了锻炼。在提高耐力素质方面，应重点强调有氧训练，结合冬季长跑、大课间跑操等活动，尽可能地通过多种方式来提高学生的耐力素质。而在提高协调素质方面，学校不断从广度上提升帆船项目与其他项目在基本身体能力练习方面的契合度。例如，通过篮球的变向运球、排球的垫球练习等看似与帆船项目关联度不大的手段，可以有效提升学生的平衡感及空间感知能力等相关素质，也为今后帆船运动在

图 9-6 学校田径运动会

课堂中的深入发展积累经验、创新练习形式，更为下一步帆船项目的教学工作提高了认识，打开了思路，丰富了手段。

由此可见，每一水平阶段都有适合学生敏感期相对应的练习手段和练习方法。只有充分了解学生的身体特性，才能真正做到目标引领内容，才能真正体现出选择帆船这一运动项目作为学校特色项目的真正意义所在。

附 录

一、近年来青岛实验初级中学获得的综合荣誉

2016年获青岛市"帆船运动进校园活动"先进单位荣誉称号。

2015年获青岛市"奥帆七周年"突出贡献单位荣誉称号。

2015年获青岛市"帆船运动进校园活动"先进单位荣誉称号。

2014年获青岛市"帆船运动进校园活动"先进单位荣誉称号。

2014年获青岛市"第九届帆船帆板公开赛"优秀组织奖。

2012年获青岛市"帆船运动进校园活动"先进单位荣誉称号。

2011年获青岛市"帆船运动进校园活动"先进单位荣誉称号。

2011年获青岛市"第六届帆船帆板公开赛"优秀组织奖。

2010年获青岛市"青少年帆船知识电视大赛"初中组季军。

二、近年来青岛实验初级中学获得的竞赛成绩

2017年"山东省第三届帆船帆板公开赛暨青岛市第十二届帆船帆板公开赛""OP级"团体冠军、"Byte级"团体亚军。

2016年青岛市第十届市长杯"大中小学生帆船帆板"比赛团体冠军。

2016年"山东省第二届帆船帆板公开赛暨青岛市第十一届帆船帆板公开赛"团体亚军。

2015年"山东省首届帆船帆板公开赛暨青岛市第十届帆船帆板公开赛"团体冠军。

2015 年青岛市第九届"市长杯大中小学生帆船帆板"比赛团体冠军。

2014 年青岛市第八届"市长杯大中小学生帆船帆板"比赛"悦浪级"团体冠军。

2014 年青岛市第九届"帆船帆板公开赛""悦浪级"团体冠军。

2013 年青岛市第七届"市长杯大中小学生帆船帆板"比赛"悦浪级"和"OP 级"团体冠军。

2013 年青岛市第八届"帆船帆板公开赛""悦浪级"和"OP 级"团体冠军。

2012 年青岛市第六届"市长杯大中小学生帆船帆板"比赛"悦浪级"和"OP 级"团体冠军。

2012 年青岛市第七届"帆船帆板公开赛""悦浪级"团体亚军。

2011 年青岛市第五届"市长杯大中小学生帆船帆板"比赛"OP 级"团体季军。

2011 年青岛市第六届"帆船帆板公开赛""OP 级"团体季军。

2010 年青岛市第四届"市长杯大中小学生帆船帆板"比赛"OP 级"团体季军。

2009 年青岛市第三届"市长杯大中小学生帆船帆板"比赛"OP 级"团体第五名。